JUMP COMICS

ジョジョの奇妙《きみょう》な冒険《ぼうけん》

第《だい》13巻《かん》

DIO《ディオ》の呪縛《じゅばく》の巻《まき》

荒《あら》木《き》飛《ひ》呂《ろ》彦《ひこ》

登場人物《とうじょうじんぶつ》紹介《しょうかい》

前巻《ぜんかん》までのあらすじ

西暦《せいれき》12～16世紀《せいき》、メキシコ中央高原《ちゅうおうこうげん》に栄《さか》えた王国《おうこく》アステカ。その中《なか》に、世界制覇《せかいせいは》の野望《やぼう》を持《も》つ部族《ぶぞく》がいた。だが、彼《かれ》らは、ある時忽然《こつぜん》と歴史《れきし》から姿《すがた》を消《け》す。謎《なぞ》の石化面《いしかめん》を残《のこ》して…。

＊　＊　＊

19世紀末《せいきまつ》――イギリスの貴族《きぞく》ジョースター卿《きょう》は、命の恩人《おんじん》の息子《むすこ》ディオを養子《ようし》とし、援《えん》助《じょ》を与《あた》えた。だが、激《はげ》しい上昇志向《じょうしょうしこう》を持《も》つディオは、卿《きょう》の本当の息子《むすこ》、ジョナサン（ジョジョ）をよそに財産《ざいさん》のっとりを計画《けいかく》する。それをジョジョに気づかれたディオは、石仮面《いしかめん》をかぶる。石仮面《いしかめん》は、人間の脳《のう》を刺激《しげき》し、恐《おそ》るべき化《ば》け物《もの》を作《つく》りだす道具《どうぐ》だったのだ!!　一方《いっぽう》、ジョジョは、謎《なぞ》の男《おとこ》・ツェペリと出《で》会《あ》い〝仙道《せんどう》〟を学《まな》ぶ。不死《ふじ》身《み》の怪物《かいぶつ》と化《か》したディオにジョジョは波紋《はもん》パワーで立《た》ちむかう。宿命《しゅくめい》の対決《たいけつ》は、ジョジョの身《み》を挺《てい》した大爆発《だいばくはつ》で終幕《しゅうまく》した。

50年後《ねんご》――アメリカ。イギリスからジョナサンの孫《まご》、ジョセフ（ジョジョ）がやってきた。究極生物《きゅうきょくせいぶつ》の謎《なぞ》を知ったジョジョは、その一人、サンタナを倒《たお》す。そして、ツェペリの孫《まご》、シーザー、謎《なぞ》の女、リサリサとともに残《のこ》る究極生物《きゅうきょくせいぶつ》、ワムウ、エシディシを次つぎと葬《ほうむ》り去《さ》る。しかし、最後《さいご》の究極生物《きゅうきょくせいぶつ》、カーズとの闘《たたか》いは熾《し》烈《れつ》を極《きわ》めた。謎《なぞ》の宝石《ほうせき》「エイジャの赤石《せきせき》」のパワーで真《しん》の究極生物《きゅうきょくせいぶつ》となったカーズが、ジョジョに襲《おそ》いかかる!!　だが、カーズは、火山岩に吹《ふ》き飛《と》ばされ、宇宙《うちゅう》に放逐《ほうちく》された…。

＊　＊　＊

50年後――現代《げんだい》の日本《にほん》。ジョセフの孫《まご》、空《くう》条承太郎《じょうじょうたろう》（ジョジョ）は、高校生《こうこうせい》である。しかし、彼《かれ》には何やら特別《とくべつ》な能力《のうりょく》があるようだ…。

ジョジョの奇妙《きみょう》な冒険《ぼうけん》

JoJo

第《だい》13巻《かん》

DIO《ディオ》の呪縛《じゅばく》の巻《まき》

もくじ

ジョジョの奇妙《きみょう》な冒険《ぼうけん》
やったッ! は…はやく こじあけろッ!!
まて! き…奇妙《きみょう》だ!
この宝《たから》の箱《はこ》・・・内側《うちがわ》から鍵《かぎ》がかかっているぞ…??
知るもんかよーッ ブッこわせ——ッ!!
炎《ほのお》の魔術師《まじゅつし》の巻《まき》
D《ディー》・I《アイ》・O《オー》 …ディオ… 名まえかな?
オメーッ そんなこたあ どーでもいいだろ ——っ陽《ひ》がくれちまうぜ!
DIO

炎《ほのお》の魔《ま》術《じゅつ》師《し》の巻《まき》

ある日
一艘《そう》のクルーザーが
波間《なみ・ま》にただよって
いるのが
発見《はっけん》された
無人《むじん》だった
争《あらそ》ったあともなく
船《ふね》のどこにも故障《こしょう》なく
正常《せいじょう》だった
飲《の》みかけの3人分《ぶん》の
コーヒーカップすらあった
なぜいなくなったのか
誰《だれ》もわかる者《もの》はいなかった
ただひとつ
変《か》わっていたのは
アセチレンバーナーで
焼《や》き開《あ》けられた鉄《てつ》の箱《はこ》が
ドンと甲板《かんぱん》にあったことだ
中はからっぽだったが　みんな
シェルターのような2重底《じゅうぞこ》の構造《こうぞう》に
なっているのを不思議《ふしぎ》がり
宝《たから》の発見《はっけん》を想像《そうぞう》したが
……数《すう》か月《げつ》もすると……
やがて忘《わす》れられた

パパ!
—成田《なりた》新東京国際空港《しんとうきょうこくさいくうこう》—
ここよパパ!
パパ!
ワイワイ
ホリィ!
パパァ!
フフフ
おいどけ!

よくきてくれたわ！
わしはひとり娘《むすめ》のおまえが困《こま》っているなら地球上《ちきゅうじょう》どこでも24時間以内《じかんいない》にかけつけるつもりヂャ！
ウフフ ママは？
ブーたれてたよ でもスージーのやつにはジョースター不動産会社《ふどうさんがいしゃ》の社用旅行《しゃようりょこう》といってある キヒヒ
パパ
う〜〜〜ん
おい ホリィ いいかげん離《はな》れんかい
や
だってパパに抱《だ》きしめてもらうのひさしぶりなんだモン
おまえなあ 45のオバンのくせして・・なにがモンだ
ああ！いったわね
くすぐってやる！ コちょコちょコちょ
お…おい やめんかい

ウリウリ
ヌオオオオーッ
おまえらなに見てんだよッ!
カバンもつわ
ところでホリィ承太郎《じょうたろう》のことじゃが
たしかに「悪霊《あくりょう》」といったのか
ああ!なんてことッ!承太郎《じょうたろう》ッ!
そうよ
おまわりさんたちには見えなかったらしいけどあたしには見えたわ…
別《べつ》の腕《うで》がみえてそれで拳銃《けんじゅう》を…
他《た》の人の目には見えないのにおまえには見えたのかい?

ええ…
承太郎《じょうたろう》は 最近《さいきん》 取り憑《つ》かれたと いってるらしいが
おまえにも 何《なに》か異状《いじょう》は あるのかい？
あたしには ないわ
でも 承太郎《じょうたろう》は原因《げんいん》がわかるまで 2度と牢屋《ろうや》から 出ないっていうのよ！
パパ ど…どうすれば いいの？
よしよし 可愛《かわい》い娘よ このジョセフ ジョースターが 来たからには 安心《あんしん》しろ！
まずは早く 会《あ》いたい…
我《わ》が孫《まご》の 承太郎《じょうたろう》に
チラリ
コツ
コツ
コツ

ゴゴゴ
オカルト
神秘と魔法
死者の書
ゴゴゴゴ
ESP
オカルト
神秘と魔法

ギギィイ
……
ギッ
お…恐《おそ》ろしい…
ま…またまたいつの間《ま》にかも…物《もの》がふえている…
そ…そして凶暴《きょうぼう》なんです…か…彼《かれ》にはな…なにか恐《おそ》ろしいものが取《と》り憑《つ》いている…こ…こんなことが外部《がいぶ》に知れたらわたしは即《そく》 免職《めんしょく》になってしまう
大丈夫《だいじょうぶ》… 孫《まご》はわしがつれて帰《かえ》る

なにをする？
これより奥《おく》へ
行くことは
禁止《きんし》といったはずだぞ
ここで説得《せっとく》してくれッ
危険《きけん》だせ…
責任《せきにん》がもてんッ
いいから
どいてろ
わしにまかせろ
孫《まご》…？
承太郎《じょうたろう》！
おじいちゃん
よ！
おじいちゃんは
きっと
あなたの
力《ちから》になって
くれるわ
おじい
ちゃんと
いっしょに
出て来て！
ゴゴゴゴ
ゴゴゴ
ゴゴゴゴ
ゴゴゴ

ガッシャーーン
ゴゴゴゴゴ

出ろ！わしと帰るぞ
消《き》えな
およびじゃあないぜ…
おれの力《ちから》になるだと？なにができるっていうんだ…ニューヨークから来てくれて悪《わる》いが…おじいちゃんはおれの力《ちから》になれない…

バーン
は！
わ…わしの左の義手《ぎしゅ》の小指《こゆび》…だ…い…いつの間《ま》にかぬき取《と》られている
見えたか？気づいたか？これが悪霊《あくりょう》だ
ポイ

おれに近《ちか》づくな…
残《のこ》り少《すく》ない寿命《じゅみょう》が縮《ちぢ》むだけだぜ
な…なんてことだ……たまげた…このわしをいきなりあざむくほどとは…!
そう…わしは承太郎《じょうたろう》の悪霊《あくりょう》の正体《しょうたい》を全《すべ》て知っている…知っていてやって来た…正体《しょうたい》を 自分で調《しら》べるといっていたが今おしえてやる
だが…口《くち》で説明《せつめい》するより実際《じっさい》にあいつ自身《じしん》がこれから体験《たいけん》すれば よりよく理解《りかい》できるだろーて いや将来《しょうらい》出会《であ》う危機《きき》のために体《からだ》で理解《りかい》する必要《ひつよう》があるッ!
アヴドゥル君《きみ》の出番《でばん》だ…
パチーン

ドォォォォ
三年前に知り合《あ》ったエジプトの友人アヴドゥルだ
アヴドゥル…孫《まご》の承《じょう》太《た》郎《ろう》をこの牢《ろう》屋《や》から追《お》い出せ

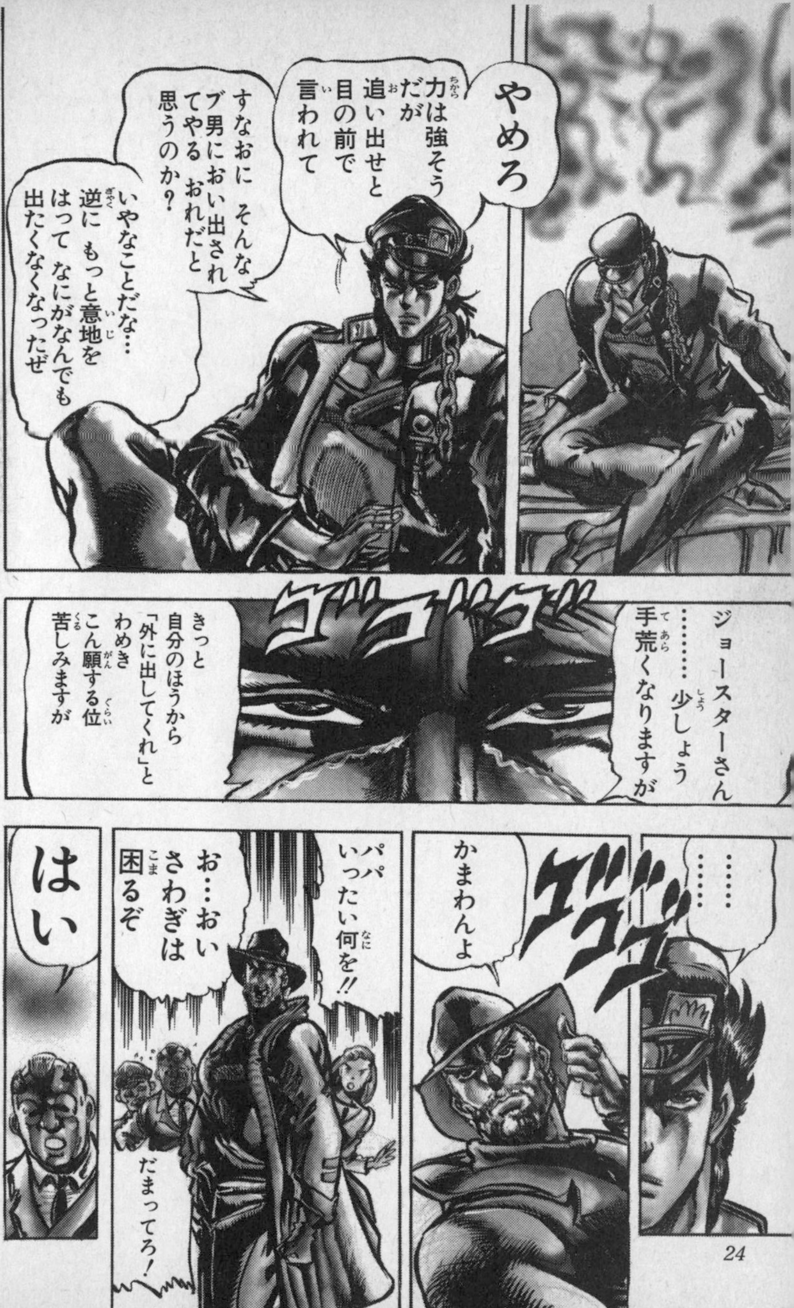
やめろ
力《ちから》は強そうだが追《お》い出せと目の前で言《い》われて
すなおにブ男においだされてやる おれだと思うのか？
いやなことだな… 逆《ぎゃく》に もっと意地《いじ》をはって なにがなんでも出たくなくなったぜ
ゴゴゴゴ
ジョースターさん………少《しょう》しょう手荒《てあら》くなりますが
きっと自分のほうから「外に出してくれ」とわめきこん願《がん》する位《くらい》苦《くる》しみますが
……
ゴゴゴ
かまわんよ
パパ いったい何《なに》を!!
お…おい さわぎは困《こま》るぞ
だまってろ！
はい

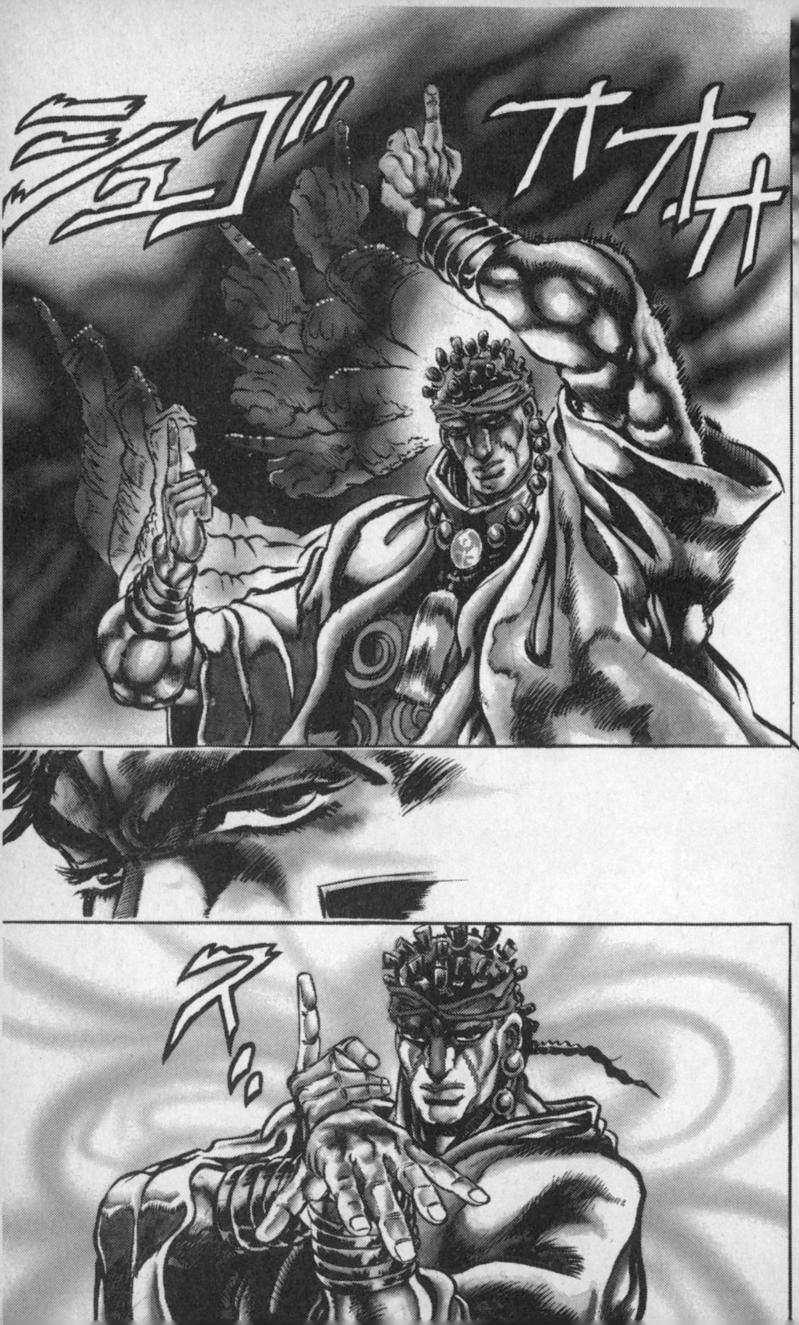
ジュゴ
オオオ
ス…

これはッ!
悪霊《あくりょう》の名はッ!

これはッ!
そう!
おまえのいう悪霊《あくりょう》を
アヴドゥルも持《も》っている
アヴドゥルの意志《いし》で
自在《じざい》に動《うご》く悪霊《あくりょう》!
『魔術師の赤《マジシャンズレッド》』

う…うぐぐ
あ…熱《あつ》い!
火…火だ!
や…焼《や》ける
お…おれの
腕《うで》が焼《や》ける!
い…
いったい
悪霊《あくりょう》とは
?
パパ
承《じょう》太《た》郎《ろう》に
何《なに》をするのッ!
火?
火なんて
見える
か?
なんだあいつ
なに苦《くる》しがって
るんだ

おおお
出…出おったよ…
予想《よそう》以上《いじょう》の承太郎《じょうたろう》の力《パワー》！

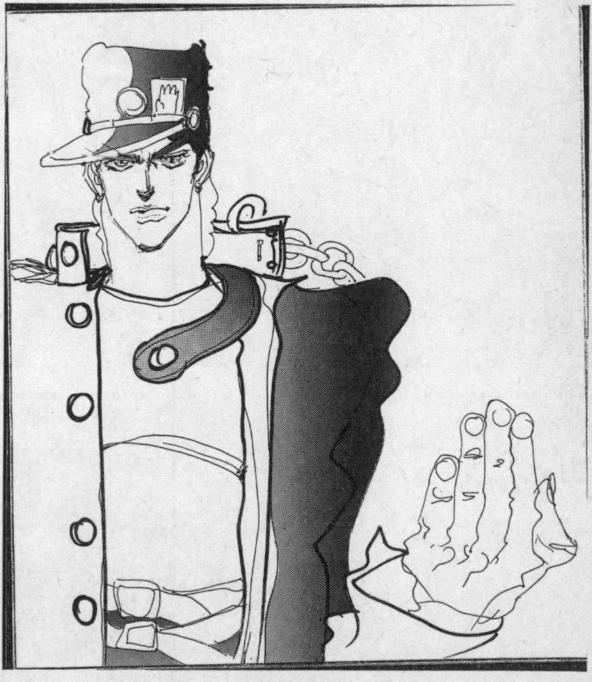

悪霊《あくりょう》 その正体《しょうたい》！の巻《まき》
な…なにをやってるんだやつらッ？
空条《くうじょう》のやつが壁《かべ》にへばりついたまま動《うご》かないが何《なに》かみえるか
わ…わたしにもわかりません
し…しかしこの留置場内《りゅうちじょうない》……
異状《いじょう》ですッ！
あ…暑《あつ》…
いや熱《あつ》すぎるッ！
ドン
つ………ついに「姿《すがた》」を見せたか

悪霊《あくりょう》 その正体《しょうたい》！の巻《まき》

ほう
ここまで・・・・・はっきりと・・・・・した形《かたち》で・・・・・出せる・・・とは・・・・・
意外《いがい》ッ！
きさまもおれと同じような・・・
『悪霊《あくりょう》』をもっているとは・・・ そしておじいちゃん あんたは『悪霊《あくりょう》』の正体《しょうたい》を
知・っている・・・ しかしアヴドゥルも驚《おどろ》いているように『悪霊《あくりょう》』の形《かた》が こんなにはっきりみえるとは相当《そうとう》のパワーだ!!

ジョースターさん あなたは お孫《まご》さんを 牢屋《ろうや》から 出せと いわれました
手かげんしようと 思いましたが…
……この私《わたくし》の首をみてください
…予想《よそう》以上《いじょう》に骨《ほね》がおれそうだ 彼《かれ》のパワーに ヘタすると こちらが危《あぶ》ない…
やめますか？
このまま どーしても出せ！ というのなら お孫《まご》さんを病院《びょういん》に 送《おく》らなければ ならないほど
荒《あら》っぽく やらざるを えませんが
かまわん ためして みろ

ムウン！
赤い荒縄《レッド・バインド》！

あ…熱《あつ》い…すごい熱《ねつ》だ！
さ…さっぱり何《なに》が起《おこ》っているんだかわからないィッ！
パパ！いったいこれはッ！
ホリィ〜〜〜♡いい娘《こ》だからおまえはだまっておいでね
悪霊《あくりょう》がひっこんでいく……
熱《ねつ》で呼吸《こきゅう》が苦《くる》しくなればおまえの悪霊《あくりょう》はよわまっていく
い…息《いき》が…
正体《しょうたい》をいおう！それは『悪霊《あくりょう》』であって・・・『悪霊《あくりょう》』ではないものじゃ！

承太郎《じょうたろう》！
悪霊《あくりょう》と思っていたのは
おまえの生命《せいめい》エネルギーが
作《つく》り出《だ》す
パワーある像《ヴィジョン》なのじゃ！
ド
そばに
現《あらわ》れ立つという
ところから
その像《ヴィジョン》を名づけて
……
『幽波紋《スタンド》』！

イソップの話《はな》にある…寒風《かんぷう》では　旅人《たびびと》は衣《ころも》をまとうだけだが熱《あつ》さは　音《ね》をあげさせる…オリを出たくなったかJOJO《ジョジョ》
い…いいかげんにしろ…おれが出ねえのは・・・他人《たにん》に知らず知らずのうちに害《がい》を加《くわ》えるからだ
同じ悪霊《あくりょう》持《も》ちとは親《した》しみがわくが
・・・・このまま　続《つづ》けるとテメエ…
死ぬぞ

おおおおおお てめー おれは もう 知らんぞッ！
ひ…… ひとりでに 鉄《てつ》ごうしが まがっていく

ベギン
バガガァ
ズドッ
ドドドドド

ゴゴゴ
メラメラ

ピタァッ
ズズズ
ズ
きさま なぜ急《きゅう》に
うしろを見せるのかッ
こっちを向《む》けいッ！
スッ
ジョースター
さん…
みてのとおり
彼《かれ》を牢屋《ろうや》から
出しました…が

ゴゴゴ
……
してやられたというわけか？
……そうでもない
おれは本当《マジ》に病院送《びょういんおく》りにするつもりでいた
予想外《よそうがい》のパワーだった

もし おれの 悪霊《あくりょう》が この鉄棒《てつぼう》を 投《な》げるのを ・・・・・・ やめなかったら どうするつもりだった？
おれの能力《のうりょく》… 幽波紋《スタンド》は 『魔術師の赤《マジシャンズレッド》』
その程度《ていど》の 鉄棒《てつぼう》なら 空中《くうちゅう》で・・ 溶《と》かすのは わけない
キラ
アヴドゥルは おまえと同じ能力《のうりょく》を もつもの… もう牢屋内《ろうやない》で 悪霊《あくりょう》の研究《けんきゅう》をすることも なかろう

わー
承太郎《じょうたろう》
ここを
出るのね♡
ウットーしいんだよ このアマ!
ム
おい!きさまッ 自分の母親《ははおや》に 向《む》かって アマとは なんじゃアマとはッ! その口のききかたはッ なんじゃッ!
はあーい ルンルン♡
ホリィも いわれて ニコニコしてるん じゃあないッ!
はーーい
おじいちゃん ひとつだ!
ス…
ひとつだけ 今……わからない ことをきく……
なぜ おじいちゃんは おれの『悪霊《あくりょう》』 いや… その幽波紋《スタンド》とやらを 知っていたのか?
そこが わからねえ

いいだろう… それを説明《せつめい》する ために ニューヨークから 来たのだ…
だが 説明《せつめい》するには ひとつひとつ 順序《じゅんじょ》を追《お》わなく てはならない
これは ジョースター家《け》に 関係《かんけい》ある 話《はなし》でな…
ピッ
まず この写真《しゃしん》を みたまえ
パサッ
パサ!!
DIO
パサッ
なんの写真《しゃしん》 だ?

今から4年前 その鉄《てつ》の箱《はこ》が アフリカ沖《おき》 大西洋《たいせいよう》から ひき上げられた
箱《はこ》はわたしが 回収《かいしゅう》してある… ブ厚《あつ》い鉄《てつ》の箱《はこ》は 棺桶《かんおけ》だ ちょうど 100年前のな…
ドドドド
棺桶《かんおけ》は おまえの 5代前《だいまえ》の祖父《そふ》…つまり このわしのおじいさん ジョナサン・ジョースター が死亡《しぼう》した客船《きゃくせん》に つんであったものという ことは調《しら》べがついている
中身《なかみ》は 発見《はっけん》された時 カラっぽだった
・・・だが・・・ わしには・・・ 中に・・・ 何《なに》がはいって・・・ いたのか・・・ わかる!
ズ
わしと アヴドゥルは ・・・そいつの行くえを 追《お》っている!

『そいつ』？ちょい待《ま》ちな…
そいつとは　まるで人間のようないい方《かた》だが百年間海底《かいてい》にあった中身《なかみ》をそいつと呼《よ》ぶとはどういうことだ？
そいつは邪悪《じゃあく》の化身《けしん》
ドン
名はディオ!!
そいつは百年のねむりから目覚《めざ》めた男　我《われ》われはその男と闘《たたか》わねばならない宿命《しゅくめい》にあるッ！

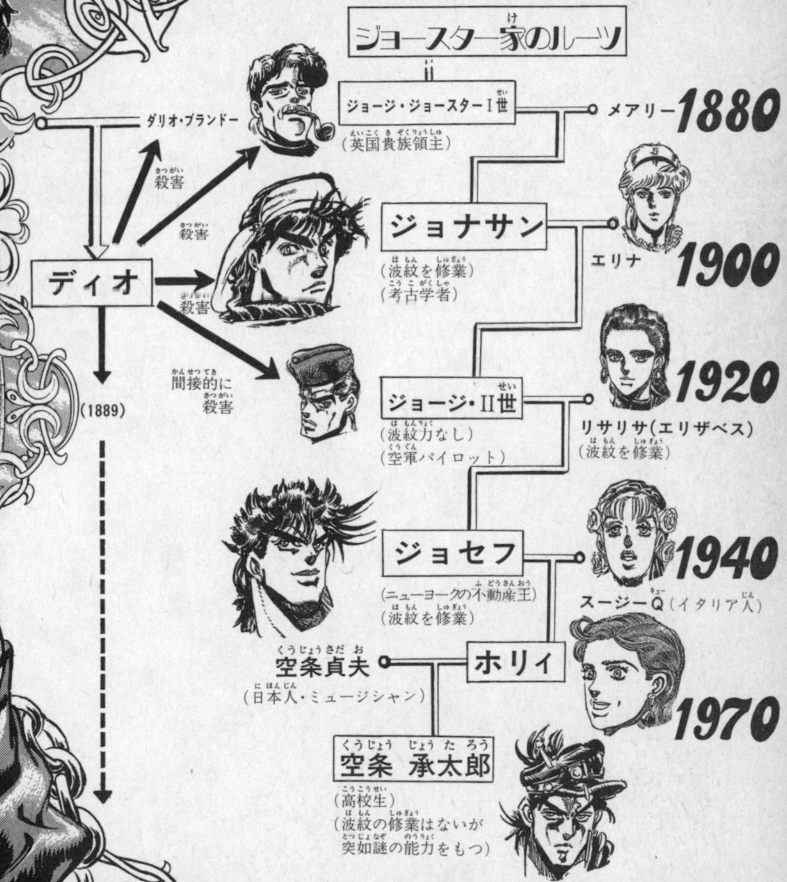

ジョースター家《け》の男性は、代だい背《せ》が高く、広い肩幅《かたはば》の頑健《がんけん》な身体的特徴《しんたいてきとくちょう》をもつ。社会的《しゃかいてき》には誰《だれ》からも信頼《しんらい》され、トップ水準《すいじゅん》の地位《ちい》を得《え》るが、家族的《かぞくてき》には薄幸《はっこう》。旅行好《りょこうず》きで好奇心《こうきしん》おう盛《せい》。生涯《しょうがい》ひとりの異性《いせい》しか愛《あい》さないのも共通《きょうつう》である。

もつ男《おとこ》の巻《まき》

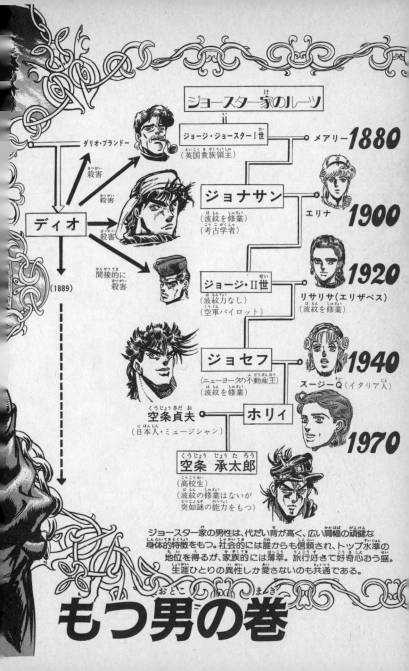

星《ほし》のアザを

おい JOJO《ジョジョ》!
きさま 話《はなし》を きいてるのか!! 「関係《かんけい》ないね」って ふうな顔を するんじゃあないッ!
ヌ〜ッ
アヴドゥル とかいったな おまえ 何者《なにもの》か 知らんが 態度《たいど》が でかいな
それに
じいさん… 百年前に死んだ そのディオとかいう男が 海底《かいてい》から甦《よみがえ》っただと? そんな突拍子《とっぴょうし》もない話《はなし》を いきなり「はいそーですか」と 信《しん》じろというのか?
フ…
しかし おれや おまえの悪霊《あくりょう》も ……
突拍子《とっぴょうし》もないという 点では 共通《きょうつう》の事実《じじつ》では ないのかな

フン！
ザッ
まあいい…うむをいわさず信《しん》じるようになるさ
なぜ・・・このわしがDIO《ディオ》の存在《そんざい》を知りやつの行くえを追《お》っているのか理由《りゆう》を聞《き》けばな！
Polaroid
Sun 670
AUTOFOCUS
トン！
理由《りゆう》をみせてやる
ズイ
？
実《じつ》はわしにも一年ほど前おまえのいう悪霊《あくりょう》―つまり「幽波紋《スタンド》」能力《のうりょく》がなぜか突然《とつぜん》発現《はつげん》している！
なんですってパパ！

じいさん今なんといった？
みせようわしの「幽波紋《スタンド》」はッ！
これじゃあ――ッ!!
Polaroid
Sun670

ジイイ イイイ
見たか？手から出た・・・いばらを！これがわしの「幽波紋《スタンド》」！
能力《のうりょく》は遠《とお》い地《ち》の像《ビジョン》をフィルムに写《うつ》す「念写《ねんしゃ》」！
ブッたたいていちいち3万円もするカメラをブッこわさなくちゃあならんがなッ！

お客様《きゃくさま》いかがなされましたか
なんでもない…向《む》こうへ行け
バン
だが！これからこのポラロイドフィルムに浮《う》き出てくる像《ヴイジョン》こそ！承太郎《じょうたろう》ッ！
おまえの運命《うんめい》を決定《けってい》づけるのだッ！
ゴゴゴゴ
なんだと？
承太郎《じょうたろう》ホリィおまえたちは自分の首のうしろをよく見たことがあるか？
…？
なんの話《はなし》だ
注意深《ちゅういぶか》く見ることはあまりないだろうな

わしの首の背中《せなか》の
つけ根《ね》には
星形《ほしがた》のようなアザがある
は!
ゴゴゴゴ
ガタッ
ゴゴゴ
だから
なんの話《はなし》かと
聞《き》いてるんだ
わしの母にも
きいたが
幼《おさな》い時死んだ
わしの父にも
あった・・・そうだ…
どうやらジョースターの
血すじには 皆《みな》この
星形《ほしがた》のアザがあるらしい
ゴゴ
ハァ ハァ
ゴゴ
だからいったい
そのフィルムには
何《なに》が写《うつ》るんだ?
今まで
気にも・と・め・な・か・っ・た
このアザが
わしらの
運命《うんめい》なのじゃ
パパ!
てめー
いいかげん
に……

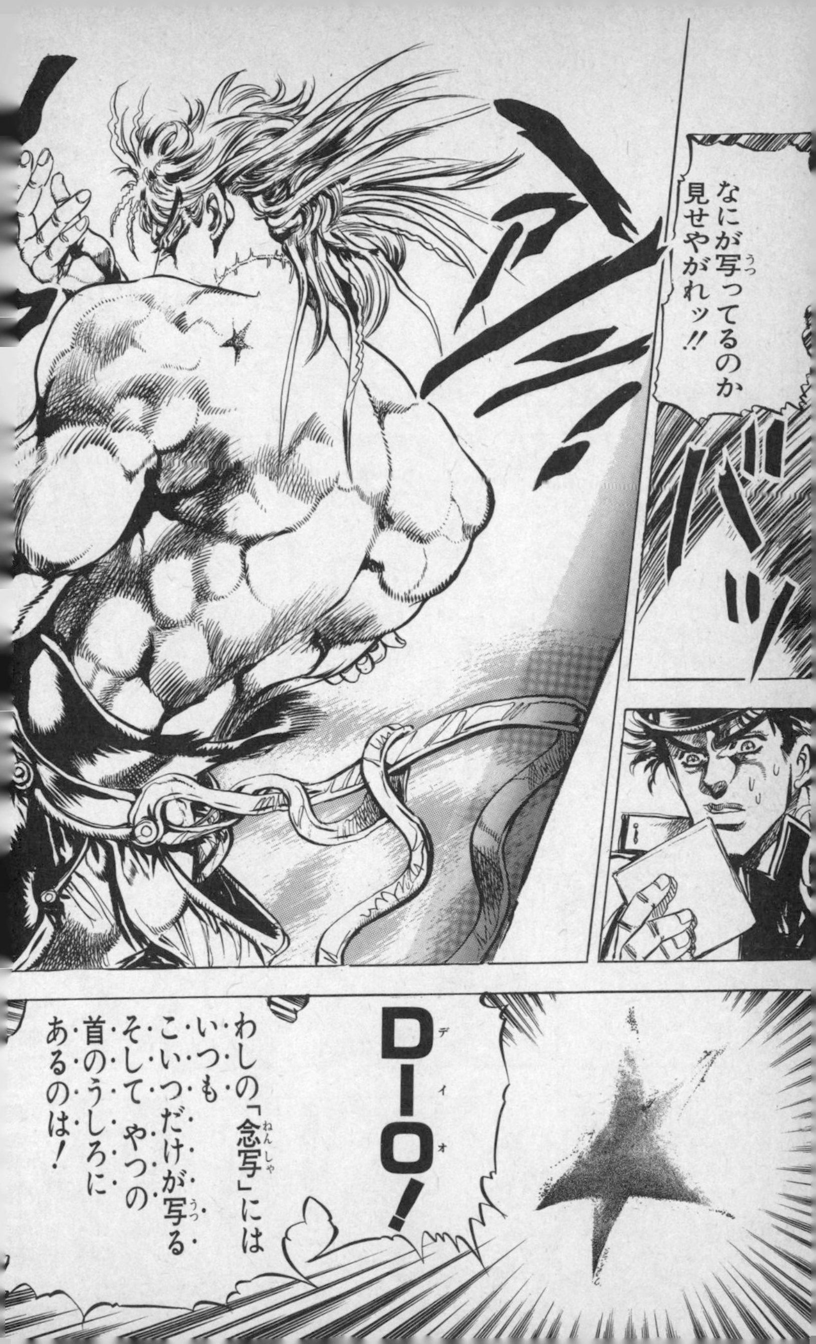
なにが写《うつ》ってるのか
見せやがれッ!!
バッ
D《デ》I《イ》O《オ》!
わしの「念写《ねんしゃ》」には
いつも
こいつだけが写《うつ》る
そして やつの
首のうしろに
あるのは!

ドドド
このくそったれ野郎《やろう》の
首から下は　わしの
祖父《そふ》ジョナサン・
ジョースターの肉体を
のっとったものなの
じゃあああああ――
あああ!!

百年前の大西洋《たいせいよう》の事件《じけん》は わしが若《わか》いころ エリナおばあさんから 聞《き》いた話《はなし》からの推測《すいそく》しかないが とにかくDIO《ディオ》は 祖父《そふ》の肉体を うばって 生きのびた
そして これだけはいえる! やつは今! この世界中の どこかに潜《ひそ》んで なにかを策《さく》しているッ!
やつが甦《よみがえ》って4年 わしの「念写《ねんしゃ》」も おまえの「悪霊《あくりょう》」も ここ一年以内《いない》に 発現《はつげん》している事実《じじつ》…
おそらく DIO《ディオ》が原因《げんいん》!
われわれの 能力《のうりょく》は 世間《せけん》でいう いわゆる超能力《ちょうのうりょく》…
おれのは もってうまれた 『幽波紋《スタンド》』だが
あなたたちの能力《のうりょく》は DIO《ディオ》の肉体 つまり ジョナサンの肉体と みえない糸で むすばれている
DIO《ディオ》の存在《そんざい》が あなた方《がた》の ねむれる 能力《のうりょく》をよびさました としか 今はいえん…
アヴドゥル… この写真《しゃしん》から こいつが今 どこに いるか わかるか?
わかりません 背景《はいけい》がほとんど うつってませんからな

ホリィ
わしらはしばらく日本《にほん》に滞在《たいざい》する
おまえの家にやっかいになるぞ

ヌウウ……
……またた
…………

今………
また…何者《なにもの》かに見《み》られている感触《かんしょく》を味《あじ》わった…ぞ
…………
やはり
ジョナサンの子孫《しそん》か…………この肉体《にくたい》が何《なん》らかの魂《たましい》の信号《しんごう》を子孫《しそん》どもに送《おく》っている…
………
いいだろう……宿命《しゅくめい》ともいうべき…か
始末《しまつ》すべき宿命《しゅくめい》抹消《まっしょう》すべき因縁《いんねん》……すでに 手は打った!!
………

チュ チュ
チュチチュ
チュン
チュ チチチ
チュチュ
チチチチュ
チュチュチュ
チチ
あ
JOJO《ジョジョ》だわ
え!
JOJO《ジョジョ》!
ほんとだ JOJO《ジョジョ》
JOJO《ジョジョ》
JOJO《ジョジョ》

JOJO《ジョジョ》
おはようJOJO《ジョジョ》
おはようJOJO《ジョジョ》
おはようJOJO《ジョジョ》
おはようJOJO《ジョジョ》
おはようJOJO《ジョジョ》
JOJO《ジョジョ》
4日《か》も学校《がっこう》休んで何《なに》してたのよ？
ちょっとあなた！
ド
JOJO《ジョジョ》の腕《うで》にこすりつけてんのよ なれなれしいのよ はなれなさいよッ!!

なによ
ブス
うるさいわね
ペチャパイ
ブス
ペチャパイ
ブス
ペチャパイ
ブス
ペチャパイ
ブス
ペチャパイ
ブスブスブス
ブスブスブス
ブスブスブス
ブスブス
ペチャパイ
ペチャパイ
ペチャパイ
ペチャパイ
ペチャパイ
ペチャパイ
ペチャパイ
やかましいッ
うっとおしいぞォ!
きゃー♡
あたしに いったのよ!
あたしよおー!
……

ゴゴゴゴ
ゴゴゴゴ
ゴゴゴゴ
ゴゴゴゴ
ゴゴゴゴ
ゴゴゴゴ

ゴゴゴゴ
カッ
なにィ!?

うおっ
きゃあああ
ああ―
JOJO《ジョジョ》ォ
―ッ

あのとき
おれは弱っていた…首だけだったからな もしジョナサン・ジョースターの肉体をうばわなかったら
こいつのエネルギーがなければ―― 非常《ひじょう》に少なかったが
百年も海底《かいてい》で生きのびることはできなかったろう……
しかし!
この肉体は親子のきずなのようなもので
ジョナサンの子孫《しそん》と通じているらしい
戦慄《せんりつ》の侵入者《しんにゅうしゃ》の巻《まき》

やつらは
このおれの存在《そんざい》に気づいている
このジョナサンの肉体を得《え》たことによっておれが身《み》につけた新《あたら》しい力《ちから》——
戦慄《せんりつ》の侵入《しんにゅう》者《しゃ》の巻《まき》

「幽波紋《スタンド》」!
この「スタンド」も子孫《しそん》の体《からだ》に影響《えいきょう》を与《あた》えている
…………
「長所《ちょうしょ》」と「短所《たんしょ》」は表裏《ひょうり》一体《たい》…ままならぬものよ…
根《ね》だやしにせねば…
ジョナサンの一族《ぞく》は…排除《はいじょ》せねば
……………
ム…木の枝

ガシッ
バギバキバキ
うおおおおお

きゃあ JOJO《ジョジョ》オ――!!
わああああ た…たいへんよ――ッ
JOJO《ジョジョ》が 石段《いしだん》から 落《お》ちたわ…
あっ でも うごいてるわよッ!
木の枝が クッションになって 助かったんだわッ!
ダダダダ
キャアアーーーッ
JOJOオーッ
ムウ……
バキバキ
ムウ…
ブワ
左足のヒザが 切れている…
木の枝で切ったか? …い…いや ちがう… 落《お》ちる前に切れていたッ… だから 石段《いしだん》をふみはずしたのだ…たしかだ…
しかし……
いったい なぜ?……

ドサッ
……ほう…なるほど なかなか強力《きょうりょく》な「幽波紋《スタンド》」を出すやつだ…
あの方《かた》が始末《しまつ》しろとおっしゃるのも無理《むり》はない
しかし…わたしの「幽波紋《スタンド》」の敵《てき》ではない
ポトッ
大丈夫《だいじょうぶ》JOJO《ジョジョ》？JOJO《ジョジョ》大丈夫《だいじょうぶ》？
運《うん》がいいわ…もしあと15cm《センチ》ずれていたら石だたみに激突《げきとつ》だったわ…
大丈夫《だいじょうぶ》!?JOJO《ジョジョ》
この石段《いしだん》はよく事故がおこるのよ
あしたからあたしと手をつないでおりましょうネJOJO《ジョジョ》

ハッ

スー…
……
君…
左足を切ったようだが……
このハンカチで応急《おうきゅう》手当《てあ》てをするといい…
パサ
……大丈夫《だいじょうぶ》かい？
………
ああ…かすり傷《きず》だ

待《ま》て
ありがとうよ
見ない顔だが……うちの学校か？
花京院《かきょういん》 典明《のりあき》
昨日《きのう》 転校《てんこう》してきたばかりです よろしく

へえー
へえー
へえー
へえー
花京院《かきょういん》くんだって！けっこういいんじゃない？
そお？
医務室
JOJO《ジョジョ》！まさか
またケンカしたんじゃないでしょうね！
帽子《ぼうし》とりなさい帽子《ぼうし》を態度《たいど》悪《わる》いわよ

わたしはやっぱりJOJO《ジョジョ》のほうが好《す》き
あたしも
あたしも
先生〜〜〜ケンカしてJOJO《ジョジョ》がケガしたことあるゥ？
ンなわけないっつーの
そうそう
ヒヒ
ほほほほ
それもそうね
じゃあころんだっての信《しん》じるわ…アワテンボさん
おい待《ま》ちななにをする気だ……？
ズボンを切るのよ
手当《てあ》てできないわ
じょうだんじゃねーぜ
ぬぐよもったいねー
チョキ

ホホホホ
意外《いがい》と
セコイやつね
さあJOJO《ジョジョ》が
ズボンを
ぬいでいる間《あいだ》
君《きみ》たちの体温計《たいおんけい》って
仮病《けびょう》だってこと
証明《しょうめい》したげるわ
カゼですよぉ～
早びけさせて
くださいよォ～
ポロ
パサ
なんだっ？
これは!?
バババ
空条承太郎《くうじょうじょうたろう》
本日《ほんじつ》に
やむをえず殺《ころ》す
の
幽波紋《スタンド》で！
花京院典明《かきょういんのりあき》

か…
花京院《かきょういん》ッ!?
せ…
先生 な…なにをしているんです…!!
ひぃぃぃぃィ
!!?

なにを?って……
体温計《たいおんけい》を
ふって目もりをもどしてるんじゃないのッ!
ひいい…た…体温計《たいおんけい》って
せ…先生!
そ…それは万年筆《まんねんひつ》です
万年筆《まんねんひつ》!?
万年筆《まんねんひつ》ですって!?
これが!
はっ!

万年筆《まんねんひつ》にみえるの？
ズズ
ズルル
ズル
なんて！
頭《あたま》の悪《わる》い子たちでしょうッ！ガボッ
あなたたちにはこの体温計《たいおんけい》が万年筆《まんねんひつ》に見えるの？ガボガボ

それじゃあ
よくッ！
見なさいッ!!
見てッ…
フヒャホ！
フヒイ
フヒィーッ
フヒィーッ
JOJO《ジョジョ》ォ……
あなたはまさか
万年筆《まんねんひつ》に
見えるなんて…
こいつ！
スゥー

いわないわよね———ッ
な！
ギリ ギリ ギリ
うおおおおおお
なんだ！この腕力《わんりょく》ッ 女の力《ちから》じゃあねえ！
ブル ブル
床《ゆか》から得体《えたい》の知れぬものがはい上がっていくのが見えた…『スタンド』か！花京院典明《かきょういんのりあき》！…だと？石段《いしだん》でおれの足を切ったのもやつの仕《し》ワザかッ！

そのとおり…
て…てめーは！
その女医には　わたしの「幽波紋《スタンド》」がとりついて操《あやつ》っている……わたしのスタンドを攻撃《こうげき》することは　その女医をキズつけることだぞ　ＪＯＪＯ《ジョジョ》
き…きさまッ
な…何者《なにもの》だ!?

わたしの幽波紋《スタンド》の名は
「法皇の緑《ハイエロファント・エメラルド》」
おまえのところにいる
アヴドゥルと　同じタイプの
スタンドよ…
わたしは人間だが
あのお方《かた》に忠誠《ちゅうせい》を誓《ちか》った
だから!
クイ
きさまを殺《ころ》す!!
クイッ
メキメキ
メキメキ

ぐあっ
ブヂン
ドオオオオオオ
オオオオ

!!
メキョ
メキョ
ズル
ズル
バン
この先生を
キズつけは
しねーさ！
こうやって
ひきずり出して
みれば
なるほど　とりつくしか
芸《げい》のなさそうな
ゲスな幽波紋《スタンド》だぜ
花京院《かきょういん》！

裁《さば》くのは誰《だれ》だ!?の巻《まき》
ひきずり出して──っ

花京院《かきょういん》！これがてめーの『スタンド』か！
緑色《みどりいろ》でスジがあってまるで光ったメロンだな！

ひきずり出したことを…
……後悔《こうかい》することになるぞ JOJO《ジョジョ》
つよがるな 額《ひたい》に指《ゆび》のあとがくっきり浮《う》き出てるぜ このまま…きさまの『スタンド』の頭《あたま》をメロンのようにつぶせば きさまの頭《あたま》もつぶれるようだな
ちょいとしめつけさせてもらうぜ 気を失《うしな》ったところで きさまを おれのじじいの所《ところ》へ連《つ》れていく…
おまえに とても会《あ》いたいだろうよ
おれも DIO《ディオ》という男のことがすごく興味《きょうみ》あるしな…
はっ!?

ボドボド
ボドボド
な…なんだ？
…やつのスタンドの手から緑色《みどりいろ》の液体《えきたい》が
くらえ
我《わ》がスタンド
『法皇の緑《ハイエロファント・エメラルド》』の…
クイッ
花京院《かきょういん》！
妙《みょう》な動《うご》きをするんじゃあねえ
‼

エメラルドスプラッシュ!!

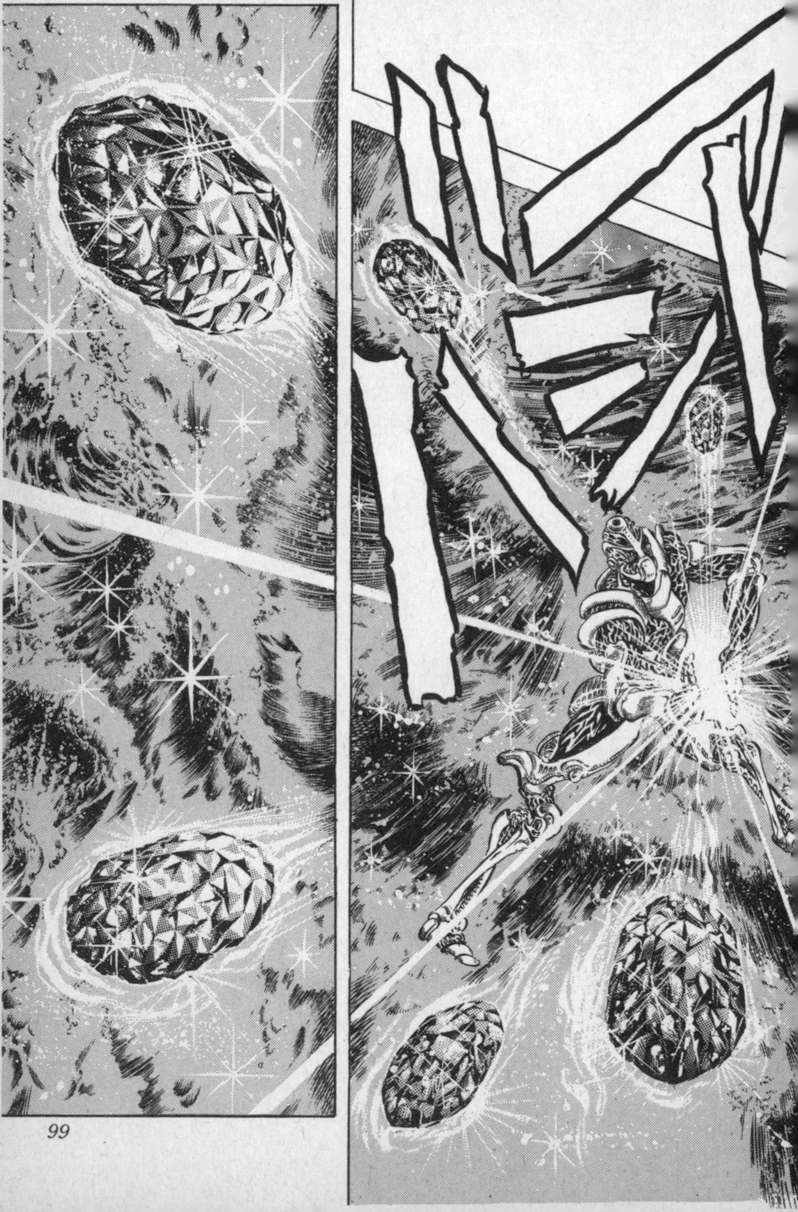

ボグォン
ズズズ

エメラルドスプラッシュ
我《わ》が「スタンド」『法皇の緑《ハイエロファント・エメラルド》』の体液《たいえき》にみえたのは破壊《はかい》のエネルギーの像《ヴィジョン》！きさまのスタンドの胸《むね》をつらぬいた…
よって きさま自身《じしん》の内臓《ないぞう》はズタボロよ
そしてその女医も
あ…
あ

な……
なにィ~
いったはずだ
わたしの『法皇の緑《ハイエロファント・エメラルド》』に攻撃《こうげき》を仕掛《しか》けることはその女医を傷《きず》つけることだと…
わたしの『スタンド』はきさまのより遠《とお》くまで行けるが広い所《ところ》はきらいでねかならず何《なに》かの中に潜《ひそ》みたがるんだ…
ズルズル
ひきずり出すと怒《おこ》ってしまう…
だから のど内部《ないぶ》あたりを出るときキズつけてやったのだ
おまえが悪《わる》いのだ
JOJO《ジョジョ》おまえの責任《せきにん》だ
これはJOJO《ジョジョ》…おまえのせいだおまえがやったのだ
最初《さいしょ》からおとなしく殺《ころ》されていればこの女医は無傷《むきず》で済《す》んだものを…

ゴゴゴゴ
ゴゴゴゴ
ゴゴゴゴ
立ちあがる気か…
だが悲《かな》しいかなその行動《こうどう》をたとえるなら
ボクサーの前のサンドバッグ…
ただうたれるだけにのみ立ちあがったのだ

……この空条《くうじょう》承太郎《じょうたろう》は
いわゆる不良《ふりょう》のレッテルをはられている…
ケンカの相手《あいて》を必要以上《ひつよういじょう》にブチのめしいまだ病院《びょういん》から出てこれねえヤツもいる…
イバルだけで能《のう》なしなんで気合《きあい》を入れてやった教師《きょうし》はもう2度と学校へ来ねえ
料金以下《りょうきんいか》のマズイめしを食《く》わせるレストランには代金《だいきん》を払《はら》わねーなんてのはしょっちゅうよ
だがこんなおれにも
はき気《け》のする「悪《あく》」はわかる!!
「悪《あく》」とはてめー自身《じしん》のためだけに
弱者《じゃくしゃ》を利用《りよう》しふみつけるやつのことだ!!

ましてや女をーっ!
きさまがやったのはそれだ! あ〜〜〜〜ん おめーの「スタンド」は被害者自身《ひがいしゃじしん》にも法律《ほうりつ》にも見えねえしわからねえ…
だから
おれが裁《さば》く!
それはちがうな
「悪《あく》」?「悪《あく》」とは敗者《はいしゃ》のこと…「正義《せいぎ》」とは勝者《しょうしゃ》のこと……
生《い》き残《のこ》った者《もの》のことだ 過程《かてい》は問題《もんだい》じゃあない
敗《ま》けたやつが『悪《あく》』なのだ

とどめくらえ
エメラルドスプラッシュ！
なに…
敗者《はいしゃ》が『悪《あく》』
それじゃあー
やっぱりィ

てめーのことじゃあねーかァーーッ
なにィ〜〜〜
バカな
エメラルドスプラッシュを
はじき飛《と》ばしたッ！

ゴフッ

オラララ
ラオラ
裁《さば》くのは

おれの『スタンド』だッー!!
な
……
なんてパワーのスタンドだ

ズオーーーッ
さっきはふいをくらってちょいと胸《むね》を傷《きず》つけただけだ
ヤワな「スタンド」じゃなくてよかったが
しかし ますます凶暴《きょうぼう》になっていく気がするぜ
あぶないところだった
手当《てあ》てすれば女医は助かるか
きゃーっ
わーっ
きゃ
さわぎが大きくなったな きょうは学校をフケるぜ
う…う
こいつにはDIO《ディオ》についていろいろしゃべってもらわなくてはな…

DIO《デイオ》の呪縛《じゅばく》の巻《まき》

ピッキイーン
あ!
今
承太郎《じょうたろう》ったら 学校で
あたしのこと
考《かん》えてる
♡
今…
息子《むすこ》と心が
通じ合《あ》った
感覚《かんかく》があったわ♡
考《かん》えて
ねーよ
きゃああああああ!
ヌッ
ヌッ

う……う
じょ…承太郎《じょうたろう》！
が…学校はどうしたの？ そ…それに その その人は！ 血…血がしたたっているわ
ま…まさか あ…あなたがやったの？
てめーには関係《かんけい》のないことだ
おれはじじいを探《さが》している…… 広い屋敷《やしき》は探《さが》すのに苦労《くろう》するぜ
茶室《ちゃしつ》か？
え ええアヴドゥルさんといると思うわ
承太郎《じょうたろう》ったらママには何《なに》も話《はな》してくれないのね
ヌシ ヌシ ヌシ
こんなに…こんなに…あなたのことを心配《しんぱい》しているのに
でも
本当《ほんとう》は心のやさしい子だってことは ちゃあんと見抜《みぬ》いているんですからね…

おい
はい
今朝《けさ》はあまり顔色《かおいろ》がよくねえーぜ
元気か？
……
イエ〜イ♡
ファイン！サンキュー！
やっぱりね♡
フン
カッコオォーン

だめだな
こりゃあ
手おくれじゃ
こいつは
もう
助からん
あと数日《すうじつ》の
うちに死ぬ
承太郎《じょうたろう》…
おまえの
せいではない…
見ろ…
この男が
なぜ
DIO《ディオ》に忠誠《ちゅうせい》を誓《ちか》い
おまえを殺《ころ》しに
来たのか…?理由《りゆう》が…
ここに
あるッ!

ヒクヒク
ヒクヒク
ヒクヒク
なんだ？この動《うご》いているクモのような形《かたち》をした肉片《にくへん》は？
それはDIO《ディオ》の細胞《さいぼう》からなる「肉《にく》の芽《め》」
その少年の脳《のう》にまで達《たっ》している
このちっぽけな「肉《にく》の芽《め》」は
少年の精神《せいしん》に影響《えいきょう》を与《あた》えるよう脳《のう》にうちこまれている！

つまり
ドジュル
ムジュル ムジュル
この肉《にく》の芽《め》は ある気《き》持《も》ちを よび起《お》こす コントローラー なのじゃ!!
カリスマ・・・!
ヒトラーに従《したが》う兵隊《へいたい》のような気《き》持《も》ち! 邪教《じゃきょう》の教祖《きょうそ》にあこがれる信者《しんじゃ》のような気《き》持《も》ち! この少年はDIO《ディオ》にあこがれ忠誠《ちゅうせい》を誓《ちか》ったのじゃ!!
ゴゴゴ
DIO《ディオ》はカリスマ(人をひきつける強烈《きょうれつ》な個性《こせい》)によって支配《しはい》して この花京院《かきょういん》という少年に我《われ》われを殺害《さつがい》するよう命令《めいれい》したのだ
手術《しゅじゅつ》で摘出《てきしゅつ》しろ
この肉《にく》の芽《め》は死《し》なない 脳《のう》はデリケートだ とり出すとき こいつが動《うご》いたら
キズをつけてしまう

JOJO《ジョジョ》…こんなことがあった4か月ほど前…
わたしは エジプトの…カイロで
ーDIO《ディオ》に出会《であ》ったのだ
ドォオオオォ
ーわたしの職業《しょくぎょう》は占《うらな》い師《し》ー
ハンハリーリという
市場《スーク》に店を出している
その晩《ばん》はー
満月《まんげつ》だった
ヤツはー

ーわたしの店の
2階《かい》への階段《かいだん》に　静《しず》かに立っていたー
心の中心にしのびこんでくるような
凍《こお》りつく目《まな》ざし
黄金色《こがねいろ》の頭髪《とうはつ》
すきとおるような白いハダ
男とは思えないような妖《あや》しい色気《いろけ》
ーすでにジョースターさんと知り合《あ》いだったので
話《はな》をきいていたわたしは　すぐにわかった
こいつが大西洋《たいせいよう》から甦《よみがえ》ったDIO《ディオ》だと！

『君《きみ》は……
普通《ふつう》の人間にはない特別《とくべつ》な能力《のうりょく》を持《も》っているそうだね？』
『ひとつ……
それをわたしに見せてくれるとうれしいのだが』
ヤツを本当《ほんとう》に恐《おそ》ろしいと思ったのはその時だった
ヤツが話《はな》しかけてくる言葉《ことば》はなんと心が……やすらぐんだ……危険《きけん》な甘《あま》さがあるんだ
だからこそ恐《おそ》ろしい!!

ジュル
ジュル
ピジュル
ピジュル

わたしは必死《ひっし》に逃《に》げた
闘《たたか》おうなどと考《かんが》えはしなかった
まったく幸運《こううん》だった
話《はなし》をきいていてD－O《ディオ》だと気づいたから
一瞬《しゅん》早く窓《まど》から飛《と》び出せたし
わたしは迷路《めいろ》のようなスークに詳《くわ》しかったから
D－O《ディオ》の追走《ついそう》からのがれられた
…でなければわたしもこの少年のように
「肉《にく》の芽《め》」で仲間《なかま》に引《ひ》き込《こ》まれていただろう
「スタンド」をやつのために使わせられていたろう
そしてこの少年のように数年《すうねん》で脳《のう》を食《く》いつくされ死んでいたろうな
死んでいた？

ちょいと待ちな
この花京院《かきょういん》はまだ
死んじゃあいねーぜ!!
ドギャン
ガシィ
おれのスタンドでひっこぬいてやるッ!

承太郎《じょうたろう》ッ！
じじい！おれに！さわるなよ
こいつの脳《のう》にキズをつけずひっこぬくからな…
おれのスタンドは一瞬《しゅん》のうちに弾丸《だんがん》をつかむほど正確《せいかく》な動《うご》きをする
やめろッ！その肉《にく》の芽《め》は生きているのだ!!
なぜやつの肉《にく》の芽《め》の一部《ぶ》が額《ひたい》の外《そと》へ出ているのかわからんのか！
すぐれた外科医《げかい》にも摘出《てきしゅつ》できないわけがそこにある！

肉《にく》の芽《め》が触手《しょくしゅ》を出し刺《さ》した！
まずい手を放《はな》せ！JOJO《ジョジョ》
摘出《てきしゅつ》しようとする者《もの》の脳《のう》に侵入《しんにゅう》しようとするのじゃ!!
ぬううう
ボゴ
ボゴ
ボコ
パチッ

き…
さ…ま
動《うご》くなよ
花京院《かきょういん》
しくじれば
テメーの
脳《のう》はおだぶつだ
ボゴ
ボゴ
ボゴ
手を放《はな》せ
JOJO《ジョジョ》!
顔《かお》まで
はい上がって
来たぞッ!
待《ま》て
アヴドゥル
わしの孫《まご》は
なんて孫《まご》だ…
体内に侵入《しんにゅう》されていると
いうのに 冷静《れいせい》そのもの……

ボゴボゴ!
ボゴ!!
ふるえ
ひとつ
おこしておらんッ
スタンドも!
機械以上《きかいいじょう》に正確《せいかく》に
力強《ちからづよ》く
うごいていくッ!
やった
ッ!

うおおお!!

ズルルー!!

ブチ ブチ ブチ

波紋疾走（オーバードライヴ）!!

タッシュ

な？
…

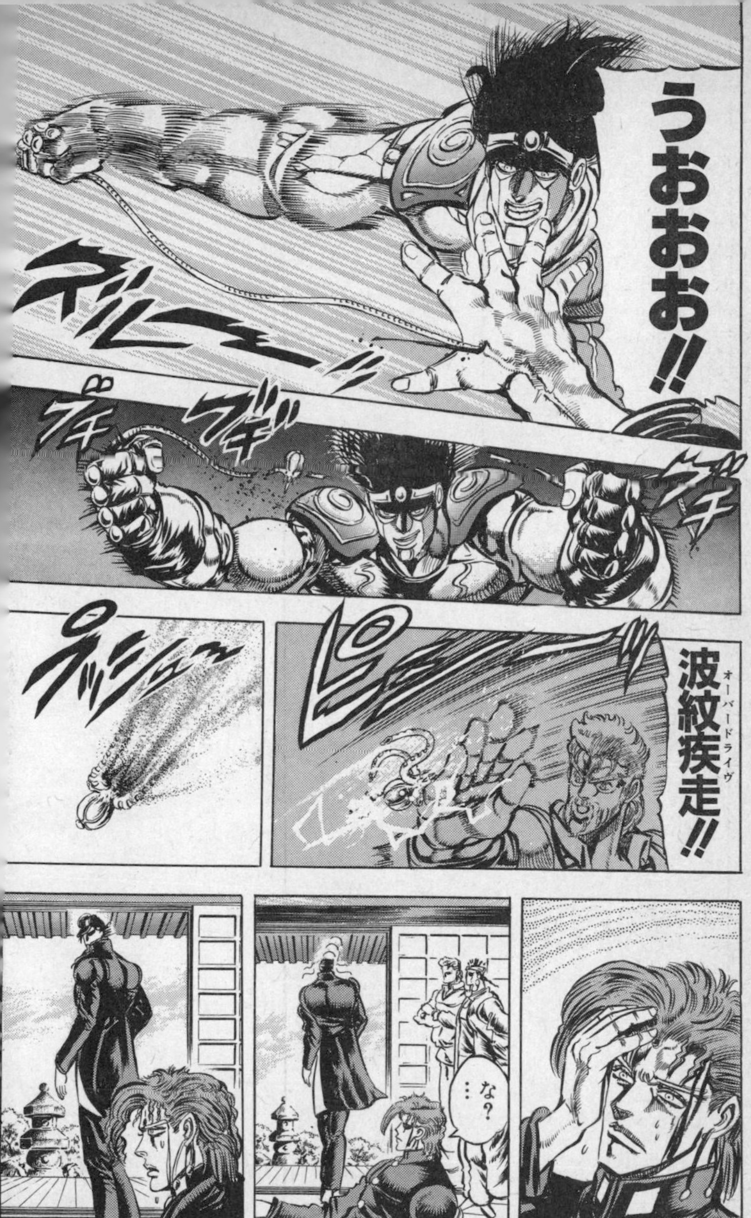

なぜ おまえは
自分の命《いのち》の危険《きけん》を
冒《おか》してまで
わたしを助けた…？
さあな…
そこんとこだが
おれにも
ようわからん
ママは
ちゃ〜んと
見ぬいて
いるんだからね
……承太郎《じょうたろう》

ホリィ……
…おい ホリィ
なあ どこにいるんじゃ？
よく見ろ！ こりゃあ 承太郎《じょうたろう》の ズボンだぞ
幽波紋《スタンド》の 戦士《せんし》たち の巻《まき》
わしのはどこだ サイズは ぴったりでも こんなのはけるか！

あ!
あたしの名のホリィ(HOLY)っていうのはネ 日本語《にほんご》で『聖《せい》なる』って意味《いみ》なの……
だから聖子《せいこ》さーんってお友だちは呼《よ》ぶのよ フフ! これからパパ! 日本《にほん》ではあたしのこと聖子《せいこ》って呼《よ》ばなきゃ返事《へんじ》しないわよ
なんじゃあそりゃあ!
……聖子《せいこ》って呼《よ》ばなきゃ出てこないのかなア……
今日《きょう》こそは まじめに学校行くぜ
シィーーーン
承太郎《じょうたろう》 ハイ いってらっしゃいのキスよ チュッ♡
このアマ〜 いいかげんに子離《こばな》れしろ!
ー妙《みょう》だな …いつもならこうくるはずなんだが…

シーン
ゴゴゴゴ

ゴゴゴゴ
ゴゴゴ
ゴ！

ホリィさん!?
す…
すごい熱《ねつ》だ…病気《びょうき》か…?
ハァ
ハァ
ハッ

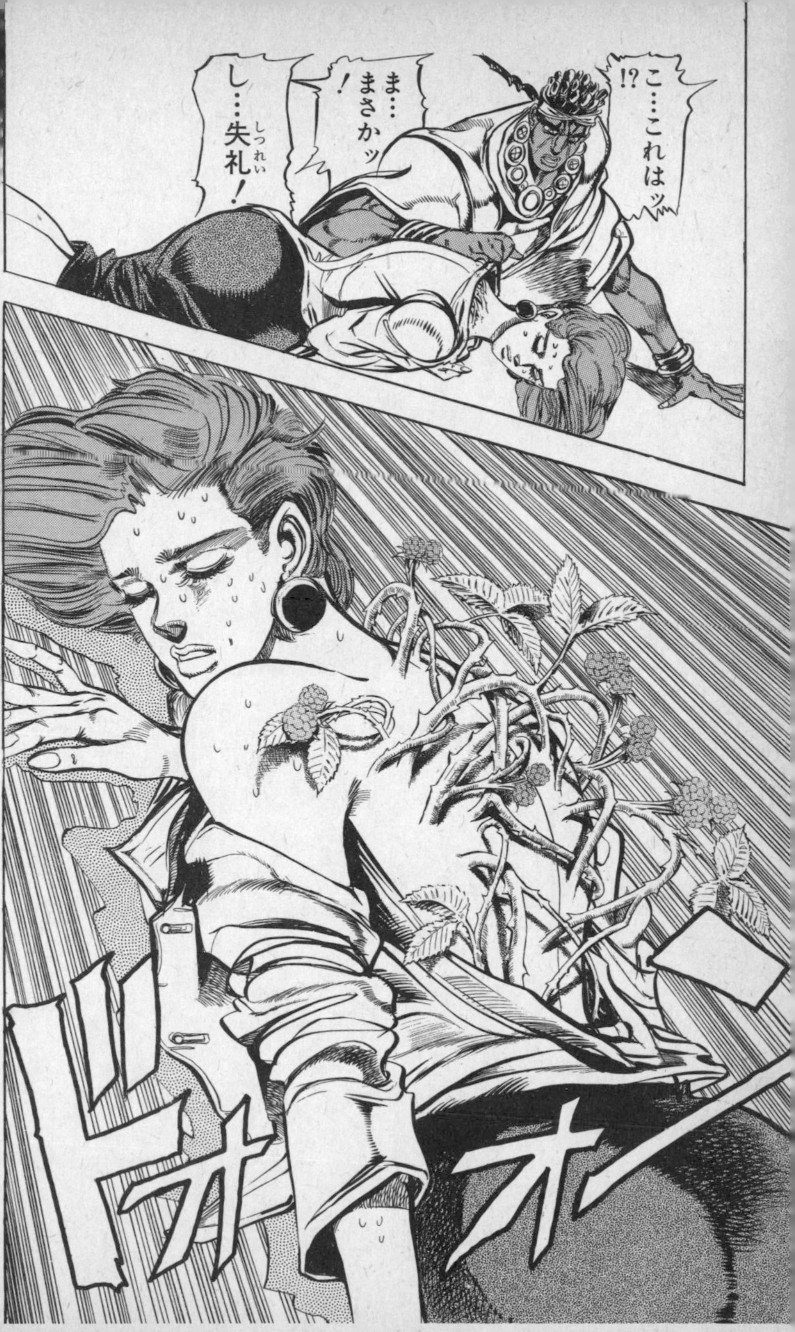

こ…これはッ!?
ま…まさかッ!
し…失礼《しつれい》!

な…なんてことだ
透《す》ける……ス…
「スタンド」だッ！
ホリィさんにも「スタンド」が発現《はつげん》しているッ！
し…しかし
なんてことだ…こ…この高熱《こうねつ》…「スタンド」が『害《がい》』になっているッ！
JOJO《ジョジョ》とジョースターさんにだけ DIO《ディオ》の肉体《ボディ》からの影響《えいきょう》がありホリィさんには異状《いじょう》がないというので
安心しきっていた…

い…いや
安心しようとしていたのだ
ないはずはないのだ
ジョースター家《け》の血が流れているかぎりDIO《ディオ》からの影響《えいきょう》はあるはずだったのだ
ただ
スタンドとはその本人の精神力《せいしんりょく》の強さで操《あやつ》るもの
闘《たたか》いの本能《ほんのう》で行動《こうどう》させるもの！
おっとりした平和な性格《せいかく》のホリィさんには　DIO《ディオ》の呪縛《じゅばく》に対《たい》しての「抵抗力《ていこうりょく》」がないのだ！「スタンド」を行動《こうどう》させる力《ちから》がないのだ!!
だから「スタンド」がマイナスに働《はたら》いて『害《がい》』になってしまっている！

非常《ひじょう》にまずい…
こ…このままでは…!
「死ぬ!」
「とり殺《ころ》されてしまう!」
は!

ゴゴゴ

ゴゴゴゴゴ

……ホ……リィ
ジョースターさん……
JOJO《ジョジョ》

わ……
…わしの
バリ
バリ
わ…わしの
も…最《もっと》も恐《おそ》れていた
ことが……
おこりよった…
つ…ついに
む…娘《むすめ》に…「スタンド」が…
「抵抗力《ていこうりょく》」がないん
じゃあないかと
思っておった
DIO《ディオ》の魂《たましい》からの呪縛《じゅばく》に
さからえる力《ちから》がないん
じゃあないかと思って
おった……

ググ
言《い》え！
「対策《たいさく》を！」
うう…
く…う うう
……ひとつ

DIO《ディオ》を見つけ出すことだ!
DIO《ディオ》を殺《ころ》してこの呪縛《じゅばく》を解《と》くのだ! それしかない!!
しかしわしの念写《ねんしゃ》ではやつの居所《いどころ》はわからんッ!
やつはいつも闇《やみ》にひそんでいるいつ念写《ねんしゃ》しても背景《はいけい》は闇《やみ》ばかり! 闇《やみ》がどこかさえわかれば
いろいろな機械《きかい》やコンピューターで分析《ぶんせき》したが闇《やみ》までは分析《ぶんせき》できなかった
おい
それを早くいえ
ひょっとしたらその闇《やみ》とやらがどこか…

わかるかも
しれねえ！
ドドキュ
ズギ
ギ！
ギ

ギラン
ビシッ!
D－O《ディオ》の背後《はいご》の空間《くうかん》に
なにかを みつけたな
スケッチさせてみよう
おれのスタンドは
脳《のう》の針《はり》を正確《せいかく》に抜《ぬ》き
弾丸《だんがん》をつかむほど
精密《せいみつ》な動《うご》きと分析《ぶんせき》をする……
ザザザ
サザザ
ザザー!!

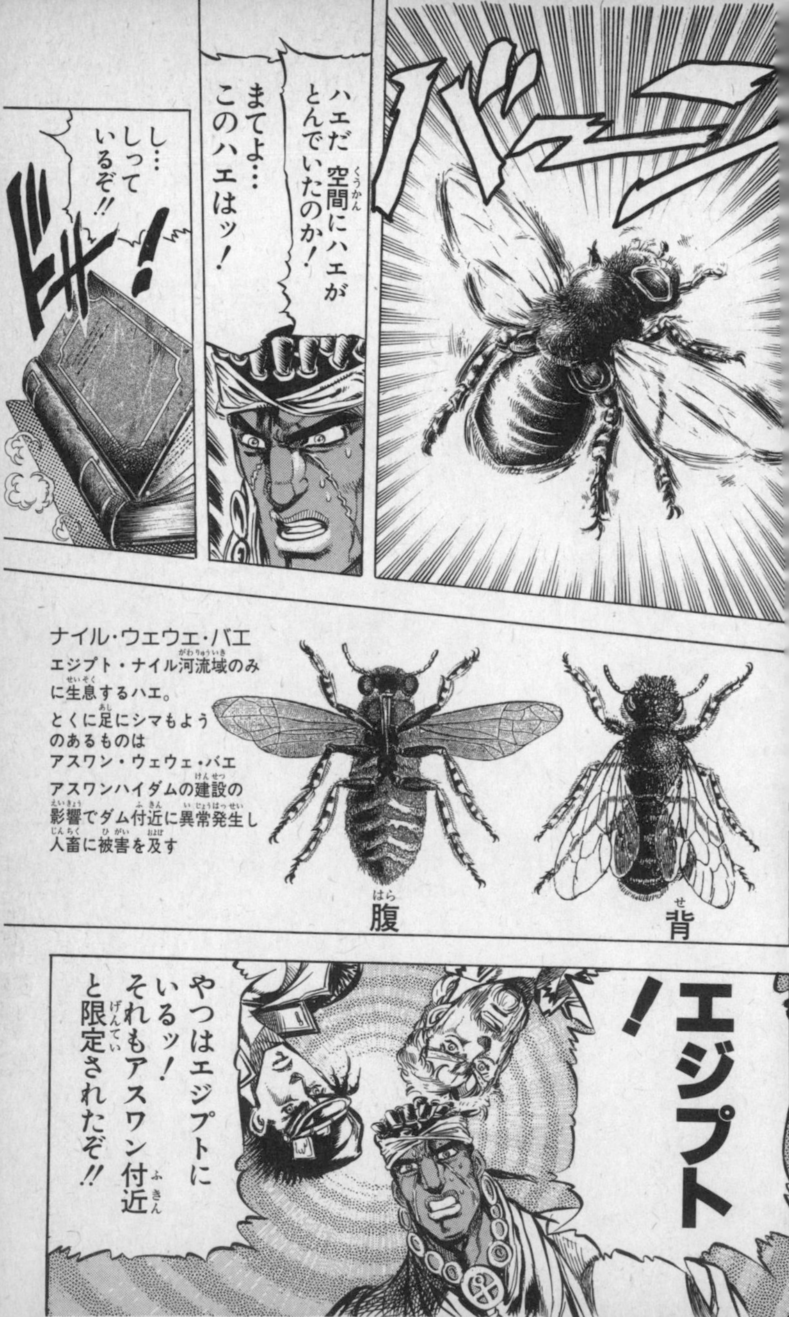
バーン
ハエだ 空間《くうかん》にハエがとんでいたのか！
まてよ…このハエはッ！
し…しっているぞ!!
ドギ！
ナイル・ウエウエ・バエ
エジプト・ナイル河流域《がわりゅういき》のみに生息《せいそく》するハエ。
とくに足《あし》にシマもようのあるものは
アスワン・ウェウェ・バエ
アスワンハイダムの建設《けんせつ》の影響《えいきょう》でダム付近《ふきん》に異常発生《いじょうはっせい》し人畜《じんちく》に被害《ひがい》を及《およ》す
腹《はら》
背《せ》
エジプト！
やつはエジプトにいるッ！
それもアスワン付近《ふきん》と限定《げんてい》されたぞ!!

やはりエジプトか……いつ出発《しゅっぱつ》する？
わたしも同行する
花《か》京《きょう》院《いん》
わたしも脳《のう》に肉《にく》の芽《め》をうめこまれたのは三か月前！家族とエジプトナイルを旅行しているときDIO《ディオ》に出会《であ》った
ヤツはなぜかエジプトから動《うご》きたくないらしい
エジプト
カイロ

同行するだと？なぜ？おまえが？
そこんところだが…
なぜ…同行したくなったのかはわたしにもよくわからないんだがね…
ケッ
……おまえのおかげで目がさめたただそれだけさ
JOJO《ジョジョ》
占《うらな》い師《し》のこのおれがおまえの「スタンド」の名前《なまえ》をつけてやろう
運命《うんめい》のカード・・・タロットだ
絵を見ずに無造作《むぞうさ》に一枚《まい》ひいて決《き》める
これは君《きみ》の運命《うんめい》の暗示《あんじ》でもあり スタンドの能力《のうりょく》の暗示《あんじ》でもある

星《スター》のカード！
XVII
THE STAR
名づけよう！
君《きみ》のスタンドは
『星の白金《スタープラチナ》』！
空条承《くうじょうじょう》太郎《たろう》
「星の白金《スタープラチナ》」
せい密《みつ》な動《うご》きと
豪快《ごうかい》な力《パワー》
の２面性《めんせい》を持《も》つ
モハメド・アヴドゥル
「魔術師の赤《マジシャンズレッド》」
火炎《かえん》と熱《ねつ》の能力《のうりょく》
THE MAGICIAN

V
THE HIEROPHANT
VIIII
THE HERMIT
ジョセフ・ジョースター
「隠者の紫《ハーミットパープル》」
右腕《みぎうで》から
イバラのようなトゲが出る
スタンド
念写《ねんしゃ》を行《おこ》なう
遠隔視能力《えんかくしのうりょく》
花京院典明《かきょういんのりあき》
「法皇の緑《ハイエロファントグリーン》」
他《た》のスタンドより
遠《とお》くまでいくことができ
いろいろなものに潜《ひそ》むが
力《ちから》は弱《よわ》い
しかし相手《あいて》をうち抜《ぬ》く
エメラルドスプラッシュの
威力《いりょく》はおそろしい

機《き》中《ちゅう》にひそむ魔《ま》の巻《まき》
今はまだ背中《せなか》だけだが……

そのうち　シダ植物《しょくぶつ》のようなあの「スタンド」は……
ゆっくりとホリィさんの全身《ぜんしん》をびっしりとおおい包《つつ》むだろう
高熱《こうねつ》やいろいろな病気《びょうき》を誘発《ゆうはつ》して苦《くる》しみ
昏睡状態《コーマじょうたい》に入《はい》って
二度と目覚《めざ》めることなく死ぬ……
彼《かれ》らは24時間体制《じかんたいせい》でホリィさんを看護《かんご》するスピードワゴン財団《ざいだん》の信頼《しんらい》すべき医師《いし》たちだが…
一般《いっぱん》の人間《にんげん》には原因不明《げんいんふめい》でなにも見えず　わからずどんな名医《めいい》にも治《なお》すことはできない…
誰《だれ》にも　わたしにも君《きみ》にもどうすることもできないのだ……
わたしは過去《かこ》　自分《じぶん》の「スタンド」が害《がい》になって死んでいったわれわれのようなタイプの人間《にんげん》を何人《なんにん》か目撃《もくげき》している

だがホリィさんの場合《ばあい》希望《きぼう》がある……
その症状《しょうじょう》になるまで50日はかかる
その前にエジプトにいるDIO《ディオ》を倒《たお》せばすむことだ!
DIO《ディオ》の体《ボディ》から・・・発《はっ》する「スタンド」のつながりを消《け》せば助かるのだ!!
ほんとあたしったらどうしちゃったのかしら
急《きゅう》に熱《ねつ》が出て気《き》を失《うしな》うなんて…でも解熱剤《げねつざい》でだいぶ落《お》ちついたわ

背中《せなか》だから まだ自分に なにが起《お》こって いるのか
気づいて いないようだ
びっくりしたぞ ホリィ
どら
起《お》きたら 歯《は》を みがかなくてはな ……
うぐぐ
ゴシ ゴシ
顔もふいて
ウーーン
髪《かみ》も バサバサ じゃぞ
つめも 手入れして
パチ パチ パチ
サク サク サク サク サク サク
あーーん

モグ モグ
フキ フキ
パパ 下着《したぎ》もはきかえさせて――ッ
オホッ
キャハハハ じょうだん!
じょうだんだってば! フフフ
クル クル
クル
さあてと
承太郎《じょうたろう》今晩《こんばん》何《なに》食《た》べる
動《うご》くなッ! 静《しず》かにねてろ――ッ!!
ビクッ

ね……熱《ねつ》が下がるまで何《なに》もするなってことだ……
だまって早くなおしゃあいいんだ
フフフそうね
病《びょう》気《き》になるとみんなスゴくやさしいんだもんたまにはカゼもいいかもね
ホ…ホリィ！
ううッ！ま…また気を失《うしな》ったぞ!!

クウ…ウウウ…
き…気丈《きじょう》に明るくふるまっているがなんという高熱《こうねつ》……
今の態度《たいど》でわかった何《なに》も語《かた》らないが娘《むすめ》は自分《じぶん》の背中《せなか》の「スタンド」のことに気づいている…
逆《ぎゃく》にわしらに自分の「スタンド」のことを隠《かく》そうとしていた…
わしらに心配《しんぱい》かけまいとしていた！
娘《むすめ》はそういう子だ
……
かならず…助けてやる…
安心するんだ
心配《しんぱい》することは何《なに》もない…かならず元気にしてやる…
安心していればいいんだよ
JOJO《ジョジョ》のおかあさん……ホリィさんという女性は人の心をなごませる女の人ですね………そばにいるとホッとする気持《き》ちになる

こんなことを
いうのもなんだが
恋《こい》をするとしたら
あんな 気持ちの女性が
いいと思います
守《まも》ってあげたいと
思う……
元気なあたたかな
笑顔《えがお》が見たいと思う
うむ
いよいよ
出発《しゅっぱつ》のようだ
な…
行くぞ!

ピシッ

やはり…
………
おれの居場所《いばしょ》を感付《かんづ》いたな……
くるか……このエジプトに…
…………
ジョセフと……
……ジョータロー……か

JAPAN AIR LINES
成田《なりた》
JAPAN TIME
20:30
22:35
東中国海上空《ひがしちゅうごくかいじょうくう》
バンコク
23:35
クウェート
8:05
アブダビ
6:35
カイロ
13:00

ゴオーーッ
は
ゴーーッ
見られた……
今……DIO《ディオ》に
たしかに見られた……
感触《かんしょく》があった
ああ
気をつけろ…
早くも新手《あらて》の
スタンド使いが
この機《き》に乗っているかも
しれん

ブォン
ブォッ
ブーーン

ブゥン
パチッ
！
ブーン
ヴーン
クン！
ブッ
か…かぶと…
いや…クワガタ虫だっ！
うう…座席《ざせき》のかげにかくれたぞ…
機内《きない》に虫だと？普通《ふつう》じゃあないな！
ど…どこだ

ZZZ
ZZ…
ZZZ
ZZZ
アヴドゥル スタンドか!
は…早くも新手《あらて》のD－I－O《ディオ》のスタンド使いかッ!
ありうる…虫の形《かたち》をした『スタンド』……
JOJO《ジョジョ》! 君《きみ》のあたまのよこにいるぞ!
で…でかい!

ヴジュル ヴジュル
ブジュル
チュバ
ベチョ!
ゴオオオ
気もちわりいな
だが ここは おれにまかせろ
ヴジュル ヴジュル
き…気をつけろ… スタンドだとしたら『人の舌《した》を好《この》んで食《く》いちぎる虫のスタンド』使いがいるという話《はなし》をきいたことがある

『星の白金《スタープラチナ》』
！
ブッ！
！
！

か…かわしたッ!
し…信《しん》じられんッ! 弾丸《だんがん》をつかむほど素早《すばや》く正確《せいかく》な動《うご》きをする ＪＯＪＯ《ジョジョ》のスタンド『スタープラチナ』の動《うご》きより早いッ!
やはりスタンドだ その虫はスタンドだ!!
どうだ… どこにいる!? こいつをあやつる使い手はどこに潜《ひそ》んでいるッ!?
こ…攻撃《こうげき》してくるぞ!

しまったッ！

奇《き》虫《ちゅう》襲《しゅう》撃《げき》！の巻《まき》
承太郎《じょうたろう》！
JOJO《ジョジョ》ォッ

ギリ
ギリ
ギリ
ギリ
ギリ
ギリ
歯《は》で悪霊《あくりょう》クワガタの口針《くちばり》を止《と》めたのはいいが
承太郎《じょうたろう》のスタンドの舌《した》を喰《く》いちぎろうとしたこいつは…
やはりヤツだ!…タロットでの『塔《とう》のカード』!…破壊《はかい》と災害《さいがい》…そして旅《たび》の中止《ちゅうし》の暗示《あんじ》をもつスタンド…
『灰《タワー》の《オブ》塔《グレー》』!

うわさにはきいていたスタンドだがこいつがDIO《ディオ》の仲間《なかま》になっていたのか！
『灰の塔《タワーオブグレー》』は事故《じこ》に見せかけて大量殺《たいりょうさつ》りくをする『スタンド』！
たとえば飛行機事故《ひこうきじこ》！列車事故《れっしゃじこ》！ビル火災《かさい》などはこいつにとってはお手のものいや！すでに昨年《さくねん》のイギリスでの三百人を失《うしな》った飛行機墜落《ひこうきついらく》はこいつのしわざといわれている
DIO《ディオ》の命令《めいれい》か！
オラオラオラオラオラオラオラオラオラ！！！

はっ
プン!
か…かわされた……
片手《かたて》ではない…両手《りょうて》でのラッシュまでもかわされた…
な…なんという早さだ
クク…
たとえここから一センチメートルの距離《きょり》より
10丁《ちょう》の銃《じゅう》から弾丸《だんがん》を撃《う》ったとして…弾丸《だんがん》はおれのスタンドにはふれることさえできん!
もっとも弾丸《だんがん》でスタンドは殺《ころ》せぬがな
どいつだ?
スタンドをあやつっている本体《ほんたい》は…どこにいる?

この乗客《じょうきゃく》の中の誰《だれ》だ…
本体《ほんたい》さえ……
そ・い・つ・さえわかれば……
ぬ!
またしても消《き》えた!?
グッ
パッ!!

はっ！あそこに移動《いどう》したッ！
ブブゥウゥウゥン
ブーーン
ククク…
ブブン
なにをする気だ
ま…まさかッ！
ドゴ
ガバ

ズボ
ボコーボコ

ビンゴォ!舌《した》をひきちぎった!!
そしておれの目的《もくてき》は…

Massacre!
(マサクゥル!)
みな殺《ごろ》し!
や…やりやがった!!
焼《や》き殺《ころ》してくれるッ『魔術師の赤《マジシャンレッド》』!
まて!
待つんだ! アヴドゥル
ハッ!
うーん ムニャムニャ
なんか騒騒《そうぞう》しいのォ
なに事《ごと》かな

ウ〜〜ン
トイレでも
いくかの
ベチャリ
なんじゃ
このヌルヌルは？
M《エム》…a《エイ》……？
クン
クン
ひ…
血…血か
ちィ〜〜！
他《た》の乗客《じょうきゃく》が気づいて
パニックを起《お》こす前に
ヤツをたおさねば
なりません
アヴドゥルさん あなたの
炎《ほのお》のスタンドは この飛行機《ひこうき》
までも爆発《ばくはつ》させかねないし
JOJO《ジョジョ》…君《きみ》のパワーも
機体壁《きたいへき》に穴《あな》でもあけたりしたら
大惨事《だいさんじ》だ!!
あて身《み》

バーン
ここはわたしの 静《せい》なるスタンド 『法皇の緑《ハイエロファントグリーン》』こそ ヤツを始末《しまつ》する のにふさわしい
クク
花京院典明《かきょういんのりあき》か D－I－O様《ディオさま》からきいて よーく知っているよ やめろ……
そうかな
自分の スタンドが 「静《せい》」と知って いるなら おれには 挑《いど》むまい…
きさまの スピードでは おれを とらえることは できん!!

エメラルドスプラッシュ!!
ギャッ
ギャ
ギャッ
KEAEEEEEEE

まずい！
やはりぁあの
スピードに
かわされたッ
ギャン

バリイイーン
か…
花京院《かきょういん》!
ファハハハハハハ
おまえなあ
数撃《かずう》ちゃ当《あ》たると
いう発想《はっそう》だろーが
ちっともあたらんぞ!
スピードが違《ちが》うんだよ
スピードが!…
ビンゴにゃあ
のろすぎるゥウウウウ
ヴォイイイイン

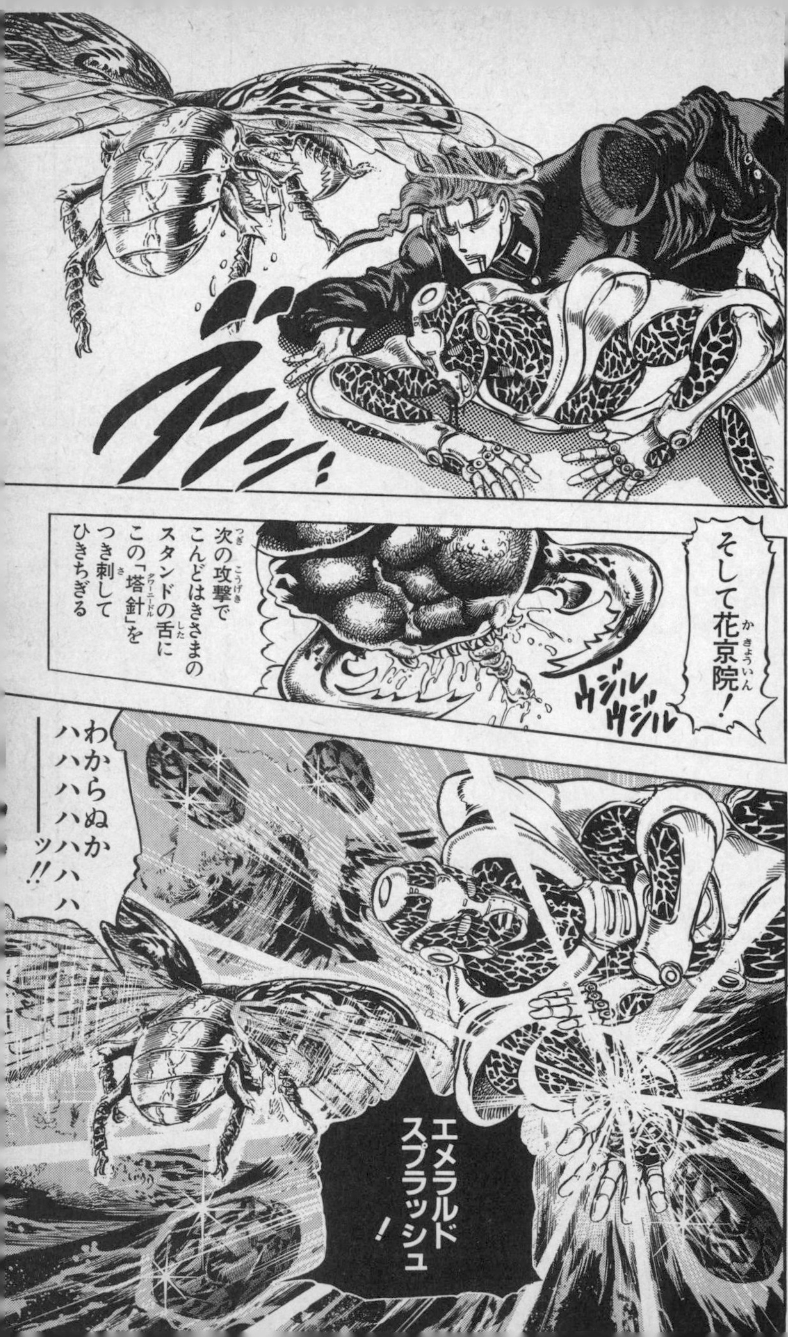
そして花京院《かきょういん》!
ウジル ウジル
次《つぎ》の攻撃《こうげき》で
こんどはきさまの
スタンドの舌《した》に
この「塔針《タワーニードル》」を
つき刺《さ》して
ひきちぎる
わからぬか
ハハハハハハハ
――ッ!!
エメラルドスプラッシュ!

おれに舌《した》をひきちぎられると くるい もだえるンだぞッ！ 苦《くる》しみでなァ！
ギャギャ
ギャン
ま…まずいッ！
またエメラルドスプラッシュをかわされているッ！
なに？
ひきちぎられると くるい もだえる？

わたしの「法皇の緑《ハイエロファントグリーン》」は…
グエッ

な　なにィイ！
ひきちぎると
くるい　もだえる
のだ
喜《よろこ》びでな！
ヴギ
ヴギ ヴギ ヴギ

すでにシートの中や下に法皇《ハイエロファント》の触脚《しょっきゃく》がのびていたのだ
エメラルドスプラッシュでその空域《エリア》に追《お》いこんでいたことに気がつかないのか
オオッ
さっきのじじいが本体だったのか
フン　おぞましいスタンドにはおぞましい本体がついているものよ

■ジャンプ・コミックス

ジョジョの奇妙な冒険

13 DIOの呪縛の巻

1989年12月10日　第1刷発行

著者　荒木飛呂彦
©Hirohiko Araki 1989
発行人　木曽義昭
発行所　株式会社 集英社
東京都千代田区一ツ橋2丁目5番10号
〒101-50 電話 東京（230）6191
印刷所　株式会社美松堂印刷所
中央精版印刷株式会社

ISBN4-08-851069-0 C0279

•JUMP COMICS•

躍進めざましいジャンプの新刊コミックスは、毎月10日ごろ発売です。